Grundschule

Melanie Schnurr

Der COMPUTERFÜHRERSCHEIN

Erstes Grundwissen & Umgang mit dem Computer

Erwirb die ersten Grundlagen zum Thema Computer und mache deinen Computerführerschein!

www.kohlverlag.de

Der Computerführerschein

Erstes Grundwissen & Umgang mit dem Computer

1. Auflage 2023

Inhalt: Melanie Schnurr
Coverbild: © vovan - AdobeStock.com
Redaktion: Kohl-Verlag
Grafik & Satz: Kohl-Verlag
Druck: Druckhaus Flock, Köln

Bestell-Nr. 12 885

ISBN: 978-3-98558-292-1

Bildquellen:

AdobeStock.com:
S.2: Africa Studio; S. 5: Spencer; S. 6+56: singmuang; S. 7: strichfiguren; S. 9: Gloria, WinWin; S. 10: euthymia; S. 11: euthymia, vectorsanta, ONYXprj, oxinoxi; S. 12: Spectral-Design, Lukas Meierheinrich, SMUX, Melanie Schnurr; S. 13: Comauthor, hidamari; S. 14: Coprid; S. 15-17: Melanie Schnurr; S. 18: Melanie Schnurr, sundatoon; S. 20: vectorplus, mahod84, suriyapong, 楠 英浩; S. 21: vectorplus, sergojpg; S. 22: vectorplus, 愛雯 黃; S. 23-26: Melanie Schnurr; S. 27: vectorplus; S. 28: vectorplus, 愛雯 黃; S. 29: eMIL`, Melanie Schnurr; S. 30/31+35: Melanie Schnurr; S. 36: vectorplus, infinity; S. 37: vectorplus, 愛雯 黃; S. 39: YUKI MURATA; S. 40: YUKI MURATA, toricheks, YUMI TAKAKI; S. 41: qopoo, Melanie Schnurr; S. 42: Анна Тощева; S. 43+44: Melanie Schnurr; S. 45: Kudryashka, ONYXprj, Hans-Jürgen Krahl; S. 46: Tupungato, PiXXart Photography, 1000pixels, o_a, local_doctor; S. 47: Arafat Uddin, Mariia; S. 48: Maksim, icon gate; S. 49: vectorplus; S. 50: vectorplus, yan4ik, fotoscool, lettett; S. 51: vectorplus, 愛雯 黃; S. 53: grgroup, Oliviart, Premium Icons; S. 54: Eugene B-sov, martialred; S. 56: icons gate

Clipart.com: S. 3-56; S. 19

Icon8: S. 24, 27

Inhalt

Der Computerführerschein
Erstes Grundwissen & Umgang mit dem Computer – Bestell-Nr. 12 885
KOHL VERLAG

Inhalt

KOHL VERLAG Der Computerführerschein
Erstes Grundwissen & Umgang mit dem Computer – Bestell-Nr. 12 885

Vorwort

Liebe Kolleginnen und Kollegen,

Computer, Smartphones und Tablets sind heutzutage nicht mehr aus unserem Alltag wegzudenken. Umso wichtiger ist es, früh genug zu lernen, wie ein Computer überhaupt funktioniert. Mit diesem Heft erfahren Grundschüler beispielsweise, wie eine Tastatur aufgebaut ist, aber auch, wie ein Computer oder Tablet ein- und ausgeschaltet wird, wie Dateien gespeichert werden.

Neben diesen ersten grundlegenden Schritten im Umgang mit einem Computer wird in den weiteren Kapiteln erklärt, wie ein Textdokument oder ein eigenes Bild erstellt wird. Auch erste Schritte für das Surfen im Internet werden einfach und mit bildhaften Beispielen erklärt.

Am Ende von jedem übergeordneten Kapitel befindet sich ein kleines Quiz und Aufgaben, um zu prüfen, ob der Inhalt verstanden wurde. Dabei können die Aufgaben je nach Klassenstufe ausgewählt werden.

Zum Abschluss kann dann der Computer Führerschein ausgefüllt werden.

Viel Freude und viel Spaß mit dem Heft und den Aufgaben wünschen Ihnen der Kohl-Verlag und

Melanie Schnurr

Wichtige Regeln im Umgang mit dem Computer

Ich gehe sorgfältig mit allen Geräten und Gegenständen um.

Ich renne nicht im Computerraum.

Ich stelle kein offenes Getränk neben den Computer.

Ich frage meinen Lehrer, wenn ich etwas nicht weiß oder unsicher bin.

Ich schalte den Computer ordnungsgemäß aus.

Ich verlasse den Computer-Arbeitsplatz ordentlich und sauber.

Finde die Fehler

Auf dem folgenden Suchbild haben sich nicht nur 10 Fehler im unteren Bild versteckt, sondern auch ein Gegenstand, der in der Nähe des Computers nichts zu suchen hat.

Um welchen Gegenstand handelt es sich? Begründe.

KOHL VERLAG Der Computerführerschein Erstes Grundwissen & Umgang mit dem Computer – Bestell-Nr. 12 885

1 Erste Schritte im Umgang mit dem Computer

Einsatzgebiete Computer

Computer begleiten uns durch den Alltag

Computer sind inzwischen nicht mehr aus unserem Arbeits- und Alltagsleben wegzudenken. Sie sind fast überall und begleiten uns im Alltag. Schon morgens können wir uns durch ein ____________________ wecken lassen. Die elektrische Zahnbürste informiert uns, ob wir die Zähne richtig putzen und nebenbei können wir einen ____________________ hören.

Mit dem Computer zu Hause können wir ____________________ schreiben, im Internet surfen oder Computerspiele spielen. Auch bei der Arbeit erleichtern Computer viele Abläufe.

Viele Anwendungen, die einen Computer nutzen, sehen wir überhaupt nicht. Sobald zum Beispiel das Auto gestartet wird, überprüft der ____________________ im Hintergrund, ob alles ordnungsgemäß funktioniert. Auch Ampeln oder die Straßenbeleuchtung werden mit Hilfe von Computern gesteuert.

Wie sehr wir auf Computer angewiesen sind, merken wir meistens erst dann, wenn diese ______________ und dadurch viele Dinge plötzlich nicht mehr wie gewohnt funktionieren.

Aufgabe 1: *Fülle die Lücken und ergänze den Text mit den folgenden Wörtern:*

Smartphone

Bordcomputer

ausfallen

Podcast

Emails

KOHL VERLAG Der Computerführerschein
Erstes Grundwissen & Umgang mit dem Computer – Bestell-Nr. 12 885

Einsatzgebiete Computer

Aufgabe 2: *Überlege, wo ein Computer noch überall eingesetzt werden kann:*

KOHL VERLAG Der Computerführerschein
Erstes Grundwissen & Umgang mit dem Computer – Bestell-Nr. 12 885

1 Erste Schritte im Umgang mit dem Computer

Der Aufbau eines Computers

Um zu verstehen, wie ein Computer funktioniert, solltest du zunächst die einzelnen Teile kennen und benennen können. Ein klassischer Computer (PC) besteht aus den folgenden Hardware-Komponenten.

1. Rechner (Tower)
2. Tastatur
3. Monitor/Bildschirm
4. Maus

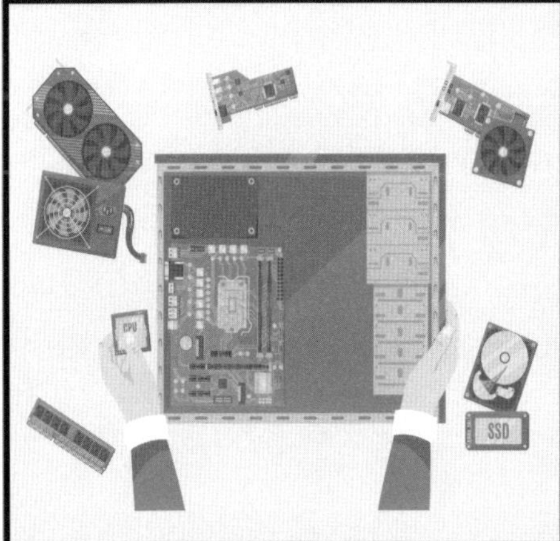

Im Inneren des Rechners verstecken sich viele weitere Bauteile, damit der Computer funktioniert. Unter anderem findest du hier den Prozessor. Er ist das Herz des Computers. Auch die Festplatte, auf der alle Daten gespeichert werden, eine Grafik- und eine Soundkarte und einige weitere Komponenten sind im Inneren des Computers zu finden.

Das Laptop/Notebook

Inzwischen wurde der klassische Desktop PC in vielen Bereichen durch den handlicheren und tragbaren Laptop ersetzt. Sofern du keine separate Tastatur oder Maus nutzen möchtest, hast du nur ein einziges Gerät. Der Prozessor, die Speicherkarte und alle anderen wichtigen Bauteile befinden sich im unteren Teil des Laptops, unter der Tastatur.

Die Tastatur

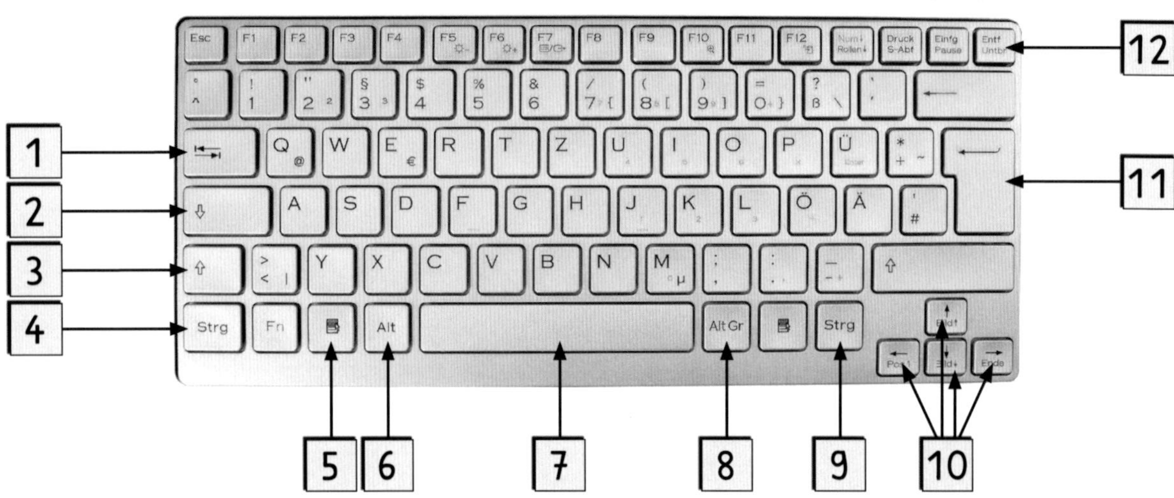

Taste	Bedeutung
1	Tabulator Taste (TAB): In Schreibprogrammen wie in Word kann man mit der Tabulator Taste die Schreibmarke nach rechts verschieben.
2	Feststell- /Umstelltaste (Caps Lock): Zur (dauerhaften) Großschreibung.
3	Umstelltaste (Shift): Zum einmaligen Großschreiben, in Verbindung mit anderen Tasten sind weitere Funktionen möglich.
4 + 9	Steuerung (Contol): Taste ausschließlich zur Nutzung von Tastenkombinationen wie zum Beispiel: Strg + C (kopieren), Strg + V (einfügen), Strg + X (ausschneiden) etc.
5	Windows Taste: Öffnet das Windows Startmenü. Zusammen mit der Taste D wird der Desktop angezeigt.
6	Alt-Taste: Unter anderem zur Nutzung in Tastenkombinationen für Sonderzeichen.
7	Leertaste (Space): Fügt eine Leerstelle (beispielsweise zwischen 2 Buchstaben oder zwei Wörtern) ein.
8	Alternativ-Grafik Taste (AltGr): Durch Tastenkombinationen Zugang zu weiteren Tastenbelegungen wie zum Beispiel: AltGr + E (€), AltGr + Q (@)
9	Siehe 4
10	Pfeiltasten (Cursor): Navigieren des Cursors nach oben, unten, links und rechts.
11	Enter-Taste (Return): Fügt in Texten einen Zeilenumbruch ein, kann zum Ausführen von Befehlen genutzt werden.
12	Entfernen-Taste: Dient zum Löschen von Eingaben.

KOHL VERLAG Der Computerführerschein Erstes Grundwissen & Umgang mit dem Computer – Bestell-Nr. 12 885

1 Erste Schritte im Umgang mit dem Computer

Die Tastatur

Aufgabe 3: *Der kleine Hund Idefix ist beim Spielen über die Tastatur gelaufen und hat auf einigen Tasten seinen Pfotenabdruck hinterlassen. Kannst du herausfinden, über welche Tasten er gelaufen ist?*

Je nach Land unterscheiden sich die Tastaturen. Bei dem abgebildeten Modell handelt es sich um eine englische Tastatur.

Aufgabe 4: *Schau Dir die Anordnung der Buchstaben an. Welche Unterschiede bemerkst Du?*

____

____

____

____

KOHL VERLAG Der Computerführerschein Erstes Grundwissen & Umgang mit dem Computer – Bestell-Nr. 12 885

Erste Schritte im Umgang mit dem Computer 1

Ein- und Ausschalten des Computers

So schaltest du den Computer richtig ein und fährst ihn hoch:

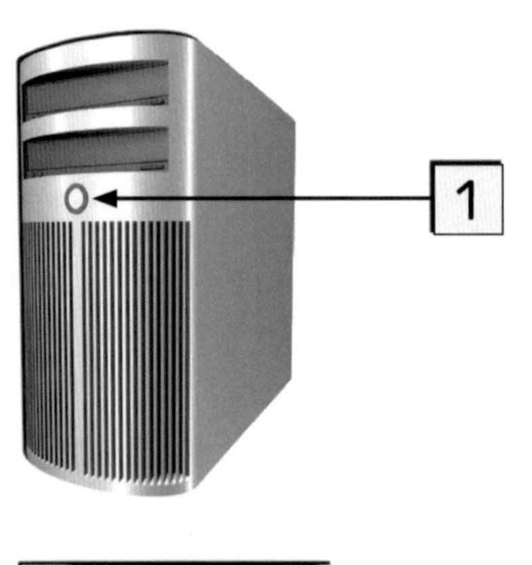

Drücke den Startknopf am PC (1) oder am Laptop (2). Der Startknopf am Laptop sieht fast immer so aus:

Er befindet sich im oberen Bereich der Tastatur oder darüber.
Der Rechner fährt nun hoch. Das bedeutet, dass das Betriebssystem, also das Grundprogramm, vom Computer geladen wird. Es ist für den Betrieb des Rechners verantwortlich.
Sobald der Rechner fertig hochgefahren ist, siehst du den Startbildschirm des Rechners, den <u>Desktop</u>.

Falls mehrere Personen an einem Computer arbeiten, erscheint oft eine Anmeldeseite, bevor der Desktop angezeigt wird.
Hier musst du deinen Benutzernamen und das Passwort eingeben.
Neue Computer können auch über eine Finger- oder Gesichtserkennung entsperrt werden.

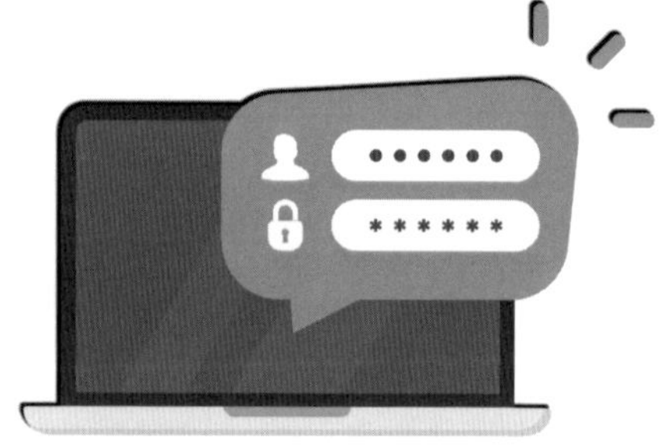

So schaltest du den Computer wieder aus:

Zum Beenden fährst du den Rechner herunter. Klicke dazu auf Start, dann auf Ein/Aus und dann auf Herunterfahren.

Achte darauf, dass alle Programme vor dem Herunterfahren beendet worden sind.

KOHL VERLAG Der Computerführerschein
Erstes Grundwissen & Umgang mit dem Computer – Bestell-Nr. 12 885

1 Erste Schritte im Umgang mit dem Computer

Bedienung mit der Maus und dem Touchpad

Damit du immer weißt, wo du dich gerade auf dem Computer oder Laptop befindest, gibt es den „Cursor" (ausgesprochen: körser). Der Cursor wird meistens durch einen Pfeil oder einen Strich dargestellt.

Hier siehst du ein paar Beispiele, wie der Cursor aussehen kann:

Um den Cursor zu bewegen, musst du die Maus bewegen. Probiere es aus und schiebe die Maus langsam hin und her. Beobachte dabei, wie sich der Cursor bewegt. Mit etwas Übung kannst du bald den Cursor schnell und einfach an der gewünschten Stelle platzieren.

Wenn du einen Laptop benutzt, kannst du eine externe Maus anschließen oder du kannst den Cursor mit dem Touchpad bewegen. Das Touchpad befindet sich bei einem Laptop direkt unter der Tastatur und du kannst den Cursor bewegen, indem du mit dem Finger darüberstreichst.

Mit einer Maus kannst du nicht nur den Cursor bewegen, sondern auch „scrollen". Das ist nützlich, wenn zum Beispiel eine Internetseite oder ein Dokument länger ist als der Bildschirm. Dazu bewegst du einfach das Rad in der Mitte der Maus nach unten oder nach oben.

Erste Schritte im Umgang mit dem Computer 1

Bedienung mit der Maus und dem Touchpad

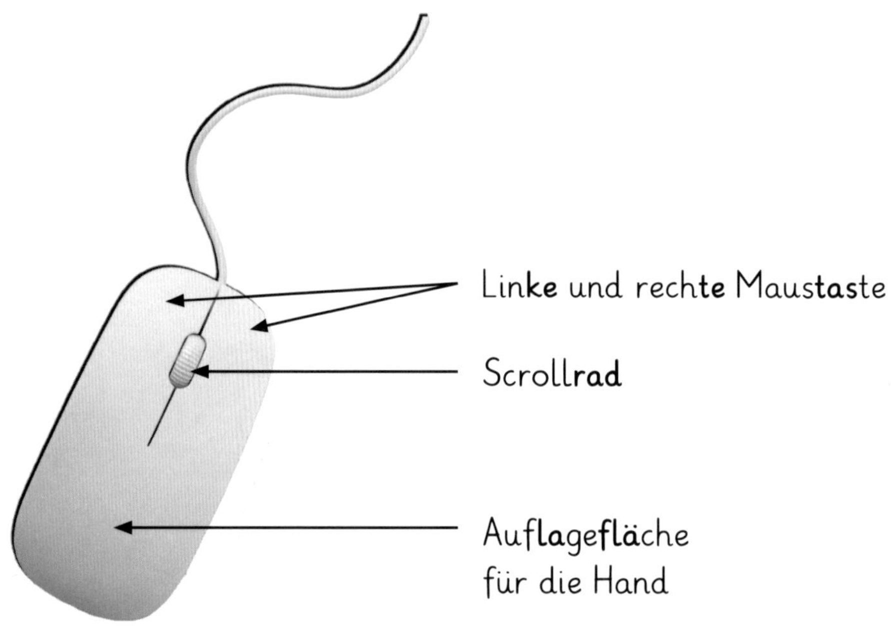

Versuche nun, mit der Maus ein Programm zu öffnen. Gehe dabei wie folgt vor:

1. Bewege deinen Cursor auf das Windows-Start Symbol links unten in der Ecke.
2. Klicke mit der linken Maustaste auf das Symbol. Du bekommst nun alle Programme angezeigt, die auf dem PC installiert sind.
3. Bewege den Cursor auf das Programm, das geöffnet werden soll (zum Beispiel Word).
4. Klicke mit der linken Maustaste zweimal auf das Programm, um es zu öffnen.

Alternativ kannst du anstatt auf die linke auch auf die rechte Maustaste klicken. Hier öffnet sich ein Menü, in dem du auf „Öffnen" klicken kannst. Wähle „Öffnen" mit Anklicken aus.

→ Das gewünschte Programm wird geöffnet

KOHL VERLAG Der Computerführerschein
Erstes Grundwissen & Umgang mit dem Computer – Bestell-Nr. 12 885

1 Erste Schritte im Umgang mit dem Computer

Bedienung mit der Maus und dem Touchpad

Mit dem Touchpad an einem Notebook funktioniert das Öffnen von einem Programm ähnlich. Die meisten Touchpads haben unter der Hauptfläche zwei Tasten. Diese funktionieren genau wie die linke und rechte Taste auf deiner Maus.

Praktische Funktionen der rechten und linken Maustaste:

In vielen Programmen kannst du mit der rechten Maustaste weitere Funktionen (Kontextmenü) aufrufen.

Öffne ein Programm (zum Beispiel Word) und probiere aus, was beim Anklicken der einzelnen Funktionen passiert.

Texte kopieren und einfügen

Auch die linke Maustaste kann sehr nützlich sein. Mit der linken Maustaste kannst du zum Beispiel eine Textstelle kopieren. Stelle dafür den Cursor an den Anfang des Textes, den du kopieren möchtest. Drücke nun die linke Maustaste und halte sie gedrückt, während du den Cursor langsam bis ans Ende der Textstelle ziehst. Die Textstelle, die du kopieren möchtest, ist nun markiert.

Nun benötigst du wieder die rechte Taste. Klicke mit der rechten Taste auf den markierten Text und wähle „Kopieren" aus. Du kannst den Text nun an einer anderen Stelle oder in einem anderen Dokument einfügen. Dafür wählst du einfach „Einfügen" aus.

Der Computerführerschein
Erstes Grundwissen & Umgang mit dem Computer – Bestell-Nr. 12 885
KOHL VERLAG

Erste Schritte im Umgang mit dem Computer 1

Der Explorer: Ordner und Dateien verwalten

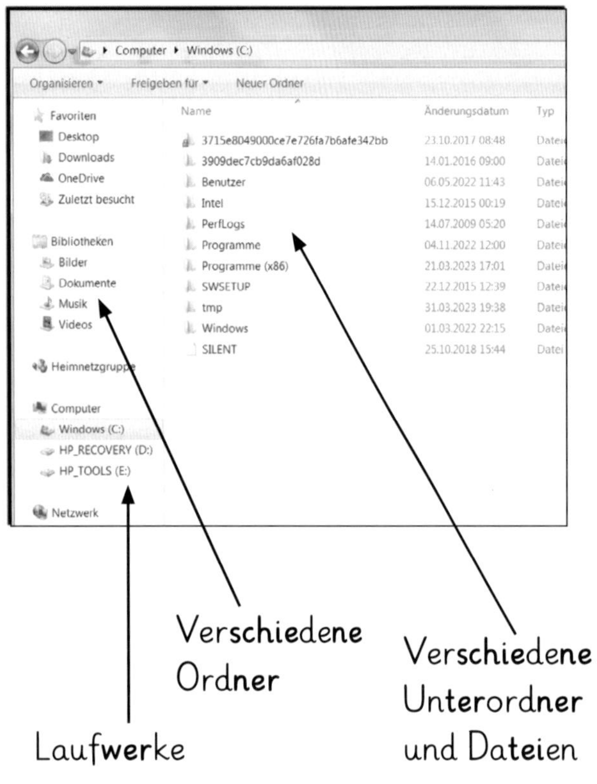

Hier siehst du ein nützliches Programm auf deinem PC oder Notebook:

Der Windows-Explorer.

Mit dem Explorer siehst du, welche Programme und Dateien auf deinem PC oder Notebook vorhanden sind. Um Dateien besser zu finden, kannst du eigene Ordner anlegen. Du kannst außerdem deine Daten nach Datum, Datentyp (Bilder, Texte, Videos ...) sortieren und dadurch leicht wiederfinden.

Um den Windows Explorer zu starten, klickst du mit deiner linken Maustaste in das Symbol unten in der Leiste (Taskleiste). Findest du es dort nicht, kannst du es auch über das Startsymbol mit dem Windows-Logo öffnen.

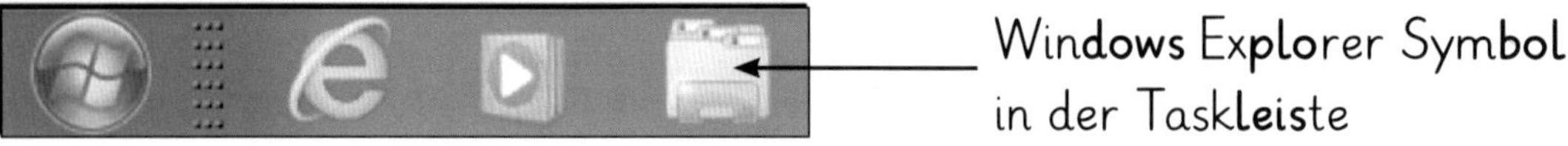

Im linken Explorer Bereich siehst du verschiedene Ordner wie Bilder, Musik oder Videos. Darunter siehst du die einzelnen Laufwerke. Die Festplatte, auf der du deine Daten speicherst, hat meistens den Buchstaben C. Wenn Du mehr Speicherplatz benötigst und eine zweite Festplatte in deinen Computer einbaust, ein zusätzliches DVD-Laufwerk vorhanden ist oder zum Beispiel ein USB-Stick an den Computer angeschlossen wird, siehst du mehrere Laufwerks-Buchstaben an dieser Stelle.

KOHL VERLAG Der Computerführerschein
Erstes Grundwissen & Umgang mit dem Computer – Bestell-Nr. 12 885

1 Erste Schritte im Umgang mit dem Computer

Der Explorer: Ordner und Dateien verwalten

Sobald du einen Ordner auf der linken Seite anklickst, siehst du den Inhalt auf der großen Fläche rechts. Das können weitere Ordner, einzelne Dokumente, Bilder oder weitere Dateien sein.

Du kannst auch einen eigenen, neuen Ordner erstellen. Dabei gehst du wie folgt vor:

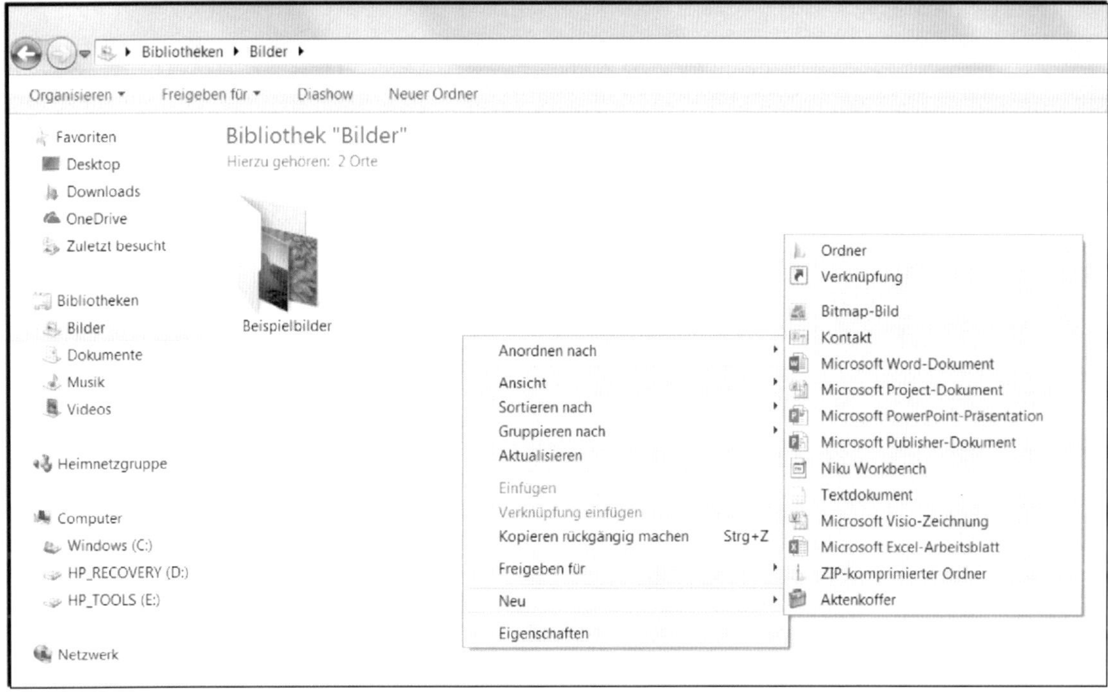

1. Klicke mit der rechten Maustaste auf die weiße Fläche.
2. Wähle den Eintrag „Neu" aus und danach „Ordner".
3. Wenn du möchtest, kannst du deinem Ordner einen Namen geben, wie zum Beispiel „Meine Bilder"

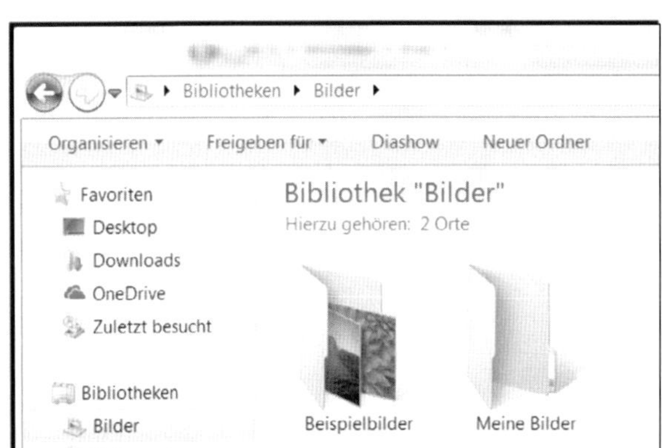

Der neue Ordner „Meine Bilder" wurde erfolgreich angelegt.

Nun kannst du deine eigenen Bilder in dem Ordner speichern.

KOHL VERLAG Der Computerführerschein Erstes Grundwissen & Umgang mit dem Computer – Bestell-Nr. 12 885

Erste Schritte im Umgang mit dem Computer 1

Der Explorer: Ordner und Dateien verwalten

Dateien speichern

Wenn du zum Beispiel ein Bild im Internet siehst und dieses speichern möchtest, klickst du das Bild mit der rechten Maustaste an.

→ Es öffnet sich ein Fenster.

→ Hier wählst du „Bild speichern unter ..."

→ Der Windows Explorer wird geöffnet.

→ Suche einen Ordner aus, in dem du das Bild speichern möchtest. Zum Beispiel in dem neu angelegten „Meine Bilder" Ordner.

→ Dafür klickst du mit der rechten Maus auf den Ordner und wählst „Öffnen". Du kannst auch zwei Mal schnell nacheinander auf den Ordner klicken, um ihn zu öffnen.

→ Nun musst du nur noch auf den „Speichern" Button klicken und dein Bild wurde auf dem Computer gespeichert.

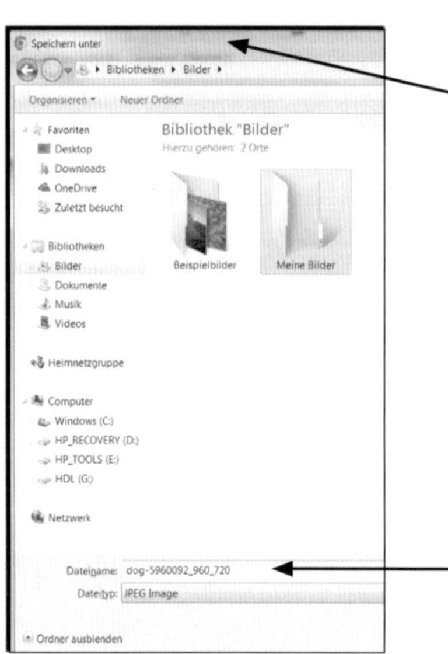

Im oberen Bereich im Explorer wird beim Speichern einer Datei „Speichern unter" angezeigt.

Hier wird der Name der Datei angezeigt. Wenn du eine Datei aus dem Internet speicherst, ist der Name bereits vorgegeben. Du kannst dir aber auch einen neuen Namen überlegen und diesen überschreiben.

Beachte:

Bei manchen Daten wie zum Beispiel Videos steht anstelle „speichern unter" „Download" oder „Herunterladen". Ansonsten gehst du genauso vor, wie wenn du ein Bild speichern möchtest.

Der Computerführerschein
Erstes Grundwissen & Umgang mit dem Computer – Bestell-Nr. 12 885

Der Explorer: Ordner und Dateien verwalten

Dateien verschieben

Nachdem du eine Datei gespeichert hast, merkst du vielleicht, dass du die Datei eventuell lieber an einem anderen Ort speichern möchtest wie zum Beispiel auf einem externen USB-Stick. Dazu kannst du die Datei verschieben.

Öffne dafür den Windows Explorer und klicke auf die Datei, die du verschieben möchtest. Halte die linke Maustaste gedrückt und ziehe die Datei in den gewünschten Ordner in der Ordnerstruktur auf der linken Seite des Explorers. Schon ist die Datei zum Beispiel auf dem externen USB-Stick gespeichert.

Übungen:

1. Lege einen neuen Ordner für Bilder an.
2. Speichere ein Bild in dem neu angelegten Ordner ab.
3. Nehme einen USB-Stick, schließe ihn an den Computer an und verschiebe das Bild aus dem Ordner auf den USB-Stick.

KOHL VERLAG Der Computerführerschein Erstes Grundwissen & Umgang mit dem Computer – Bestell-Nr. 12 885

Quiz Kapitel 1

Aufgabe 1: *Mit welcher Taste fügst du eine Lücke zwischen zwei Buchstaben oder zwischen zwei Wörtern ein?*

A: Leertaste B: Lückentaste C: Platztaste

Aufgabe 2: *Welcher Buchstabe befindet sich auf der deutschen Tastatur zwischen den Buchstaben W und R?*

A: H B: P C: E

Aufgabe 3: *Welches der drei Bilder zeigt ein Laptop (Notebook)?*

A:

B:

C:

Aufgabe 4: *Welches Wort kannst du für den Computer Bildschirm verwenden?*

A: Windows B: Monitor C: Fenster

KOHL VERLAG Der Computerführerschein Erstes Grundwissen & Umgang mit dem Computer – Bestell-Nr. 12 885

Quiz Kapitel 1

Aufgabe 5: *Was siehst du, wenn du den PC hochfährst?*

A: Startbildschirm B: Maus C: Tastatur

Aufgabe 6: *Worin kannst du Dateien abspeichern?*

A: Bilder B: Taschen C: Ordner

Aufgabe 7: *Bilder und Dateien kannst du nicht nur auf dem PC, sondern auch abspeichern auf einem …*

A: USB-Stick B: Regal C: Heft

Aufgabe 8: *Wie heißt diese Taste?*

A: Unter

B: Enter

C: Über

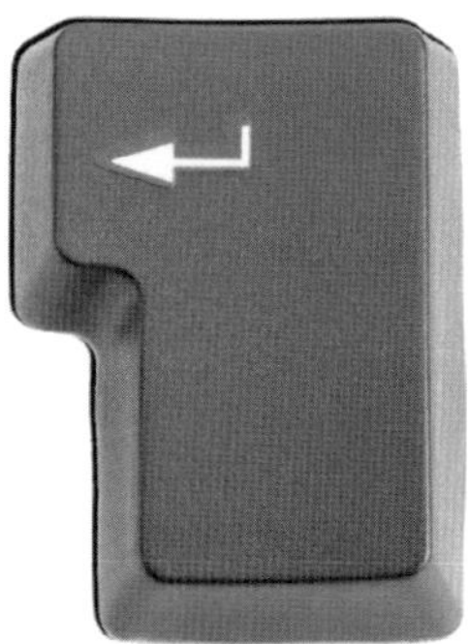

Quiz Kapitel 1

URKUNDE

____

hat beim Quiz

„Erste Schritte und Grundlagen im Umgang mit dem PC"

____ von 8 Punkten erreicht.

2 Erste Schritte in Paint

Was ist Paint?

Mit dem Computer kannst du auch zeichnen. Dafür gibt es viele unterschiedliche Programme. Ein Programm, welches auf einem Windows PC installiert ist, ist das Programm „Paint". Klicke auf das Windows-Startmenü und wähle dort das Programm „Paint" aus.

Mit Paint kannst du in einem leeren Zeichenbereich eigene Bilder erstellen oder in vorhandenen Bildern Zeichnungen einfügen. Viele der in Paint verwendeten Tools wie zum Beispiel der Pinsel oder der Radiergummi befinden sich auf dem Menü Band (Menü Leiste) im oberen Bereich des Paint-Fensters.

Funktionen in Paint

Die Menü-Leiste in Paint:

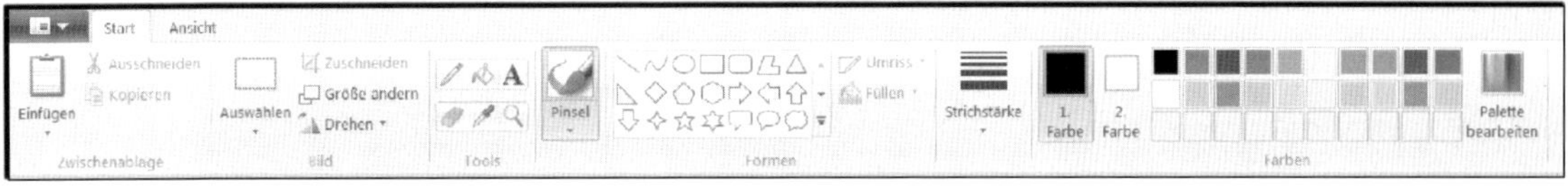

In der Menü-Leiste findest du unter dem Reiter „Start" viele verschiedene Funktionen.

Die Funktionen, die gerade ausgewählt sind, sind gelb hinterlegt.

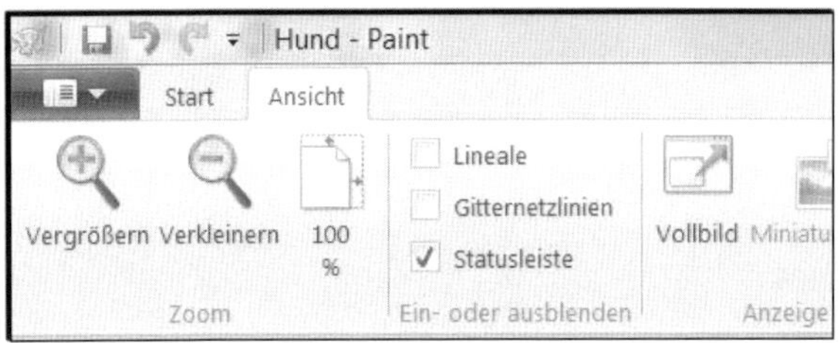

Wenn du einen Reiter weiter nach rechts auf „Ansicht" klickst, findest du zusätzliche Funktionen wie etwa Verkleinern, Vergrößern oder Anzeigen im Vollbild-Modus:

Erste Schritte in Paint

2

Die wichtigsten Funktionen im Überblick

	Stift	Zeichnet eine Linie in der ausgewählten (Pinsel-) Stärke
	Farbeimer	Füllt einen ausgewählten Bereich mit der gewählten Farbe aus
A	Text	Ermöglicht das Schreiben in Paint
	Radiergummi	Löscht gezeichnete Linien und Formen
	Farbauswahl	Dient zur Farbauswahl
	Lupe	Vergrößert einen Bereich des Bildes
	Pinsel	Verändert die Linienstärke
	Formen	Fügt die ausgewählte(n) Form(en) ein
Umriss	Umriss	Auswahl für verschiedene Formkonturen
Füllen	Füllen	Auswahl für verschiedene Fülleffekte
Strichstärke	Strichstärke	Auswahl für die Strich-Breite
	Farben	Auswahl verschiedener Farben

KOHL VERLAG Der Computerführerschein Erstes Grundwissen & Umgang mit dem Computer – Bestell-Nr. 12 885

2 Erste Schritte in Paint

Zeichnen in Paint

Um zu zeichnen, benötigst du einen Pinsel. Klicke auf die „Pinsel" Schaltfläche und du kannst nun verschiedene Stift-Optionen wählen. Probiere es aus, indem du die einzelnen Möglichkeiten anklickst.

Hier siehst du ein paar Beispiele für verschiedene Pinsel-Varianten.

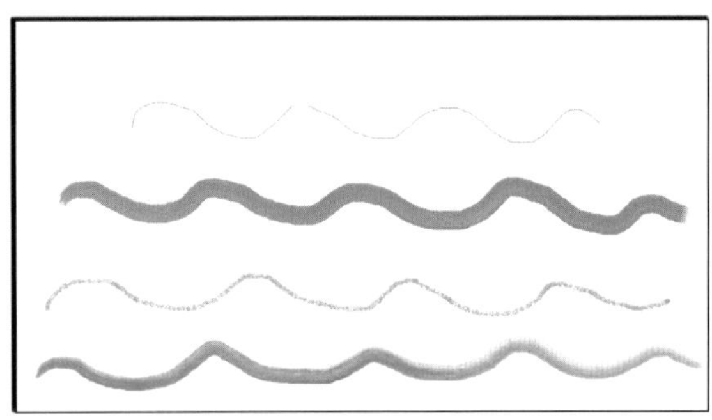

Übung

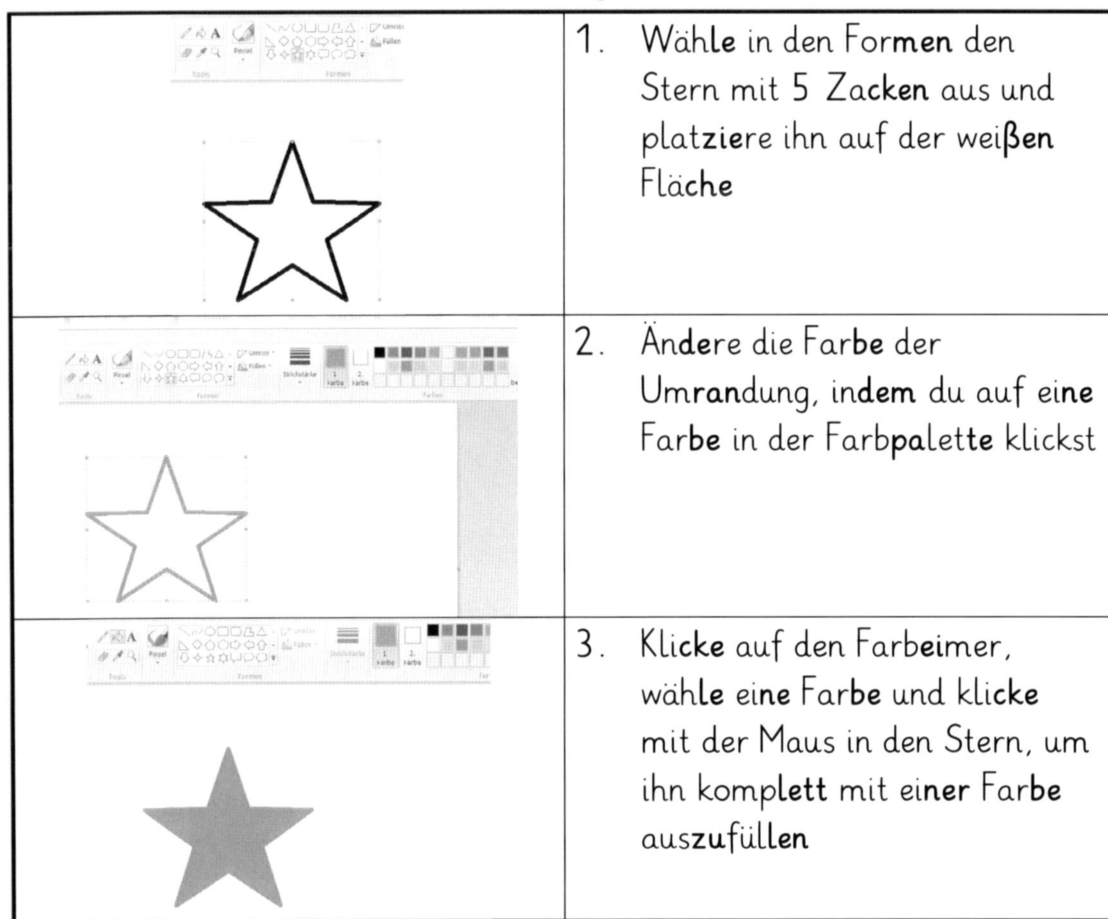

	1. Wähle in den Formen den Stern mit 5 Zacken aus und platziere ihn auf der weißen Fläche
	2. Ändere die Farbe der Umrandung, indem du auf eine Farbe in der Farbpalette klickst
	3. Klicke auf den Farbeimer, wähle eine Farbe und klicke mit der Maus in den Stern, um ihn komplett mit einer Farbe auszufüllen

Wähle eigene Figuren aus und probiere die unterschiedlichen Funktionen. Am Ende kannst du dein Bild speichern, indem du auf „Speichern unter" ganz oben links im Menü klickst.

Erste Schritte in Paint 2

Bilder bearbeiten mit Paint

Mit Paint kannst du nicht nur eigene Bilder malen, sondern auch bestehende bearbeiten. Öffne dazu das Paint-Programm und klicke im Menü links oben auf „Öffnen":

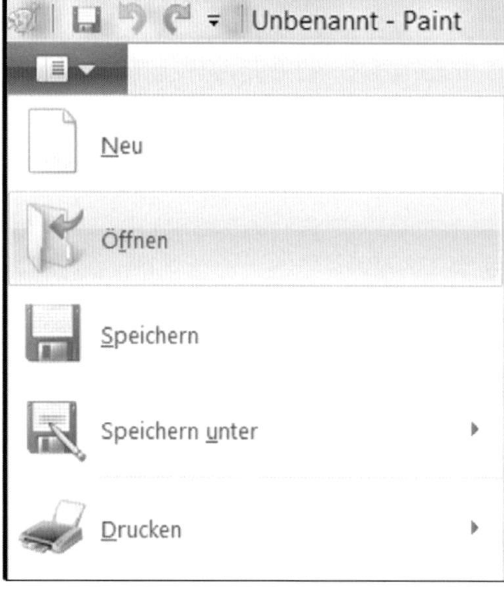

Dann gehe wie folgt vor:

1. Wähle ein auf dem Computer gespeichertes Bild aus (zum Beispiel das Bild aus Kapitel 1)

2. Klicke auf den Öffnen-Button. Danach siehst du das ausgewählte Bild auf der Paint-Oberfläche.

3. Wähle nun den Pinsel, eine Strichstärke und Farbe aus und zeichne etwas in das Bild dazu. Hier im Beispiel scheint nun die Sonne für den Hund.

KOHL VERLAG Der Computerführerschein
Erstes Grundwissen & Umgang mit dem Computer – Bestell-Nr. 12 885

Quiz Kapitel 2

Aufgabe 1: *Wie heißt das Programm, welches auf einem Windows-PC zum Malen installiert ist?*

A: Draw B: Paint C: Pinsel

Aufgabe 2: *Mit welchem Symbol kannst du verschiedene Stift-Optionen einstellen?*

A: Bleistift B: Pinsel C: Füller

Aufgabe 3: *Welches Symbol füllt eine Fläche mit der ausgewählten Farbe?*

A:  B: 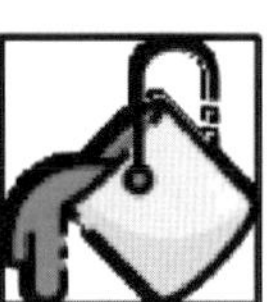 C: 

Aufgabe 4: *Womit kann man gezeichnete Linien und Formen löschen?*

A: Farbeimer B: Pipette C: Radiergummi

Aufgabe 5: *Woran erkennst du, welche Funktion gerade aktiv/ausgewählt ist? Das Symbol ...*

A: ist gelb hinterlegt B: blinkt C: ist rot umrandet

KOHL VERLAG Der Computerführerschein Erstes Grundwissen & Umgang mit dem Computer – Bestell-Nr. 12 885

Quiz Kapitel 2

QUIZ!

URKUNDE

____

hat beim Quiz

„Erste Schritte im Umgang mit Paint"

____ von 5 Punkten erreicht.

KOHL VERLAG Der Computerführerschein
Erste Grundwissen & Umgang mit dem Computer – Bestell-Nr. 12 885

Erste Schritte in Word

Der Aufbau von Microsoft Word

Word gehört zu dem Office Paket von Microsoft und ist ein beliebtes Textprogramm. Du öffnest Word wie alle Programme über das Startmenü an deinem Computer.

Das erste Symbol kennzeichnet Word.

Die weiteren Symbole gehören ebenfalls zu den Office Programmen von Microsoft und stehen für das Tabellenkalkulationsprogramm Excel, das Präsentationsprogramm PowerPoint und das E-Mail-Programm Outlook.

Word ist in zwei Hauptbereiche unterteilt:

1. Das Menü Band mit den zahlreichen Funktionen
2. Die Textfläche

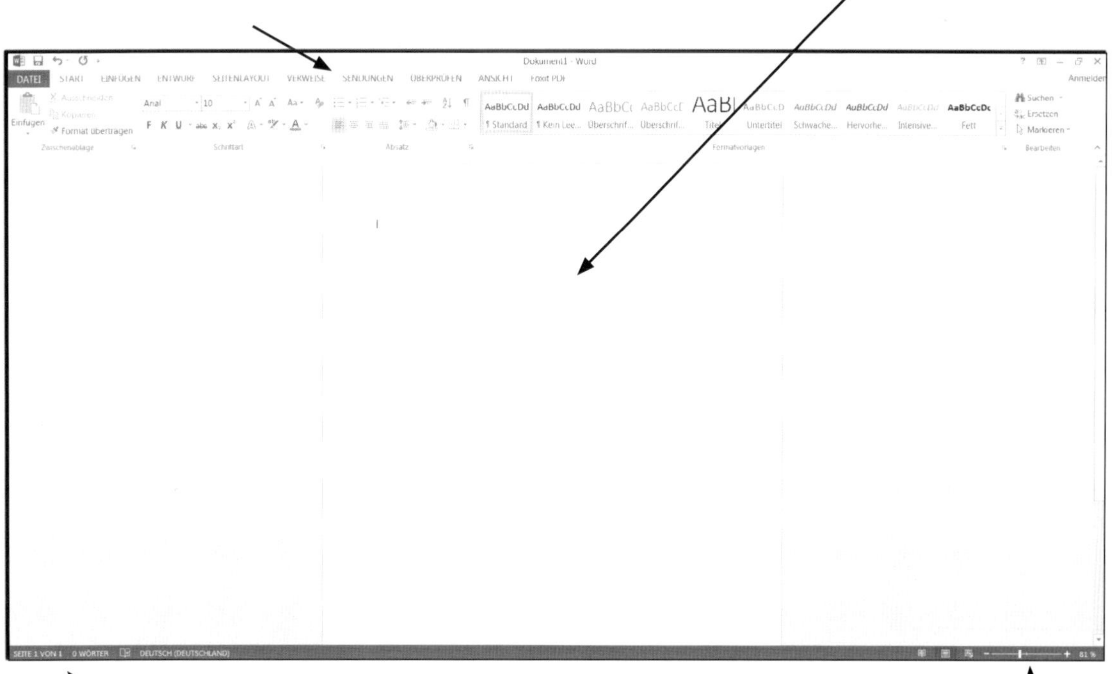

Im linken unteren Bereich siehst du, wie viele Seiten und Wörter dein Text hat, rechts kannst du die Ansicht und die Größe der Darstellung (Zoom) verändern.

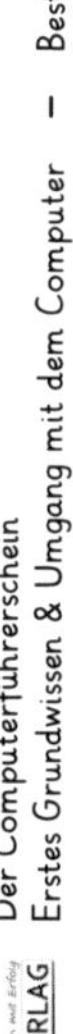
Der Computerführerschein
Erstes Grundwissen & Umgang mit dem Computer – Bestell-Nr. 12 885
KOHL VERLAG

Erste Schritte in Word 3

Der Aufbau von Microsoft Word

Das Menü ist in verschiedene Tabs unterteilt. Diese haben die Namen

„**Start**", „**Einfügen**", „**Entwurf**", „**Seitenlayout**" ...

Unter jedem dieser Abschnitte findest du viele Funktionen. Die wichtigsten sind direkt im ersten Abschnitt „Start" zu finden:

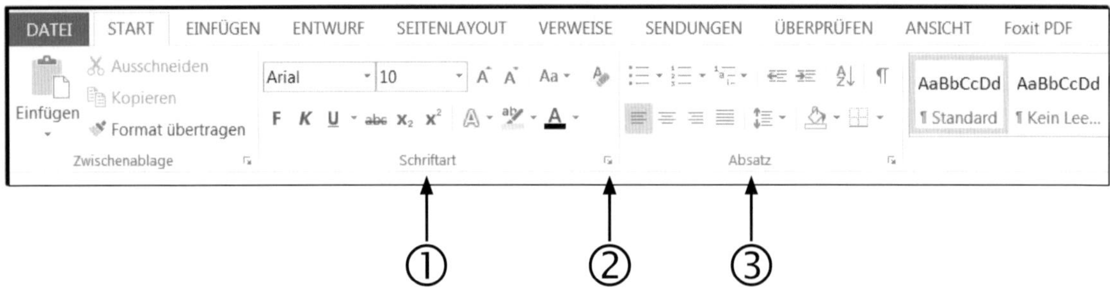

Die wichtigsten Funktionen, die wir für die nächsten Übungen benötigen, findest du unter „Schriftart" ①. Hier kannst du deine Schriftart, die Größe und vieles mehr wählen. Indem du auf das kleine Symbol ② unten im Eck des jeweiligen Bereichs klickst, öffnet sich ein weiteres Fenster mit zusätzlichen Funktionen. Bei „Schriftart" sieht das so aus:

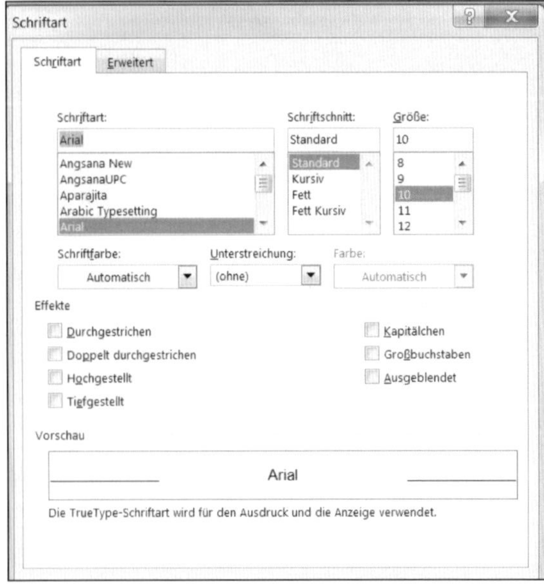

Aber auch die anderen Abschnitte wie beispielsweise „Absatz" ③ sind hilfreich. Hier kannst du Aufzählungszeichen und Nummerierungen einfügen oder die Ausrichtung deines Textes festlegen.

Am besten probierst du die verschiedenen Funktionen einmal aus. Du wirst schnell feststellen, dass du die wichtigsten Symbole bald ihren Funktionen zuordnen kannst.

3 Erste Schritte in Word

Schrift formatieren in Word

1. Schriftarten festlegen

In Word gibt es ganz viele verschiedene Schriftarten. Um eine Schriftart auszuwählen, klickst du mit der Maus auf den Pfeil. Nun siehst du alle Schriftarten inklusive einer Vorschau, wie die Schriftart aussieht. Eine der meistgenutzten Schriftarten ist „Arial".

Calibri | 11
Designschriftarten
Calibri Light (Überschriften)
Calibri (Textkörper)
Zuletzt verwendete Schriftarten
Arial
Jokerman
Lucida Handwriting
DF SCRATCH
Verdana
Rage Italic
Segoe Print
DokChampa
Arial Rounded MT Bold
AngsanaUPC
Alle Schriftarten
Agency FB
Aharoni
ALGERIAN
Andalus
AngsanaNew
AngsanaUPC
Aparajita
Arabic Typesetting
Arial
Arial Black

Übung 1:

Öffne Word und schreibe das Wort „Hallo"

1. Markiere das Wort und wähle eine Schreibschrift aus.
   Mögliche Schriftart: ____________________
2. Markiere das Wort und wähle eine fette Schrift aus.
   Mögliche Schriftart: ____________________
3. Markiere das Wort und wähle eine lustige Schrift aus.
   Mögliche Schriftart: ____________________

Zusatzaufgabe: Findest du die Schriftart, die nur aus Symbolen besteht?

2. Schriftgröße verändern

Neben der Schriftart kannst du auch die Größe der Schrift verändern. Klicke dazu einfach auf das Feld mit der Zahl neben den Schriftarten. Je niedriger die Zahl ist, umso kleiner wird die Schriftgröße.

Beispiel:

Hallo → Schriftgröße 8

Hallo → Schriftgröße 18

Hallo → Schriftgröße 26

Hallo → Schriftgröße 39

<u>Schrift formatieren in Word</u>

3. Schrift hervorheben / weitere Schrifteffekte

   In Word kannst du einzelne Buchstaben, Wörter oder ganze Texte Fett **(Bold)**, *kursiv* und <u>unterstrichen</u> schreiben.

   <u>***Auch alle 3 Möglichkeiten zusammen funktionieren***</u>.

Hierfür verwendest du die folgenden Buttons in der Menüleiste:

- Markiere die gewünschte Textstelle und klicke mit der linken Maustaste auf F. Der Text erscheint **fett**.
- Markiere die gewünschte Textstelle und klicke mit der linken Maustaste auf K. Der Text erscheint *kursiv*.
- Markiere die gewünschte Textstelle und klicke mit der linken Maustaste auf <u>U</u>. Der Text erscheint <u>unterstrichen</u>.
- Markiere eine Textstelle und klicke mit der linken Maustaste auf F, K und <u>U</u>. <u>***So siehst du dann den Text***</u>.

Neben diesen drei meist genutzten Hervorhebungen gibt es noch viele andere Möglichkeiten. Du kannst einen Text durchstreichen (~~Test~~), einen Text niedriger = Tiefgestellt ($_{\text{Test}}$) oder höher = Hochgestellt (^{Test}) platzieren.

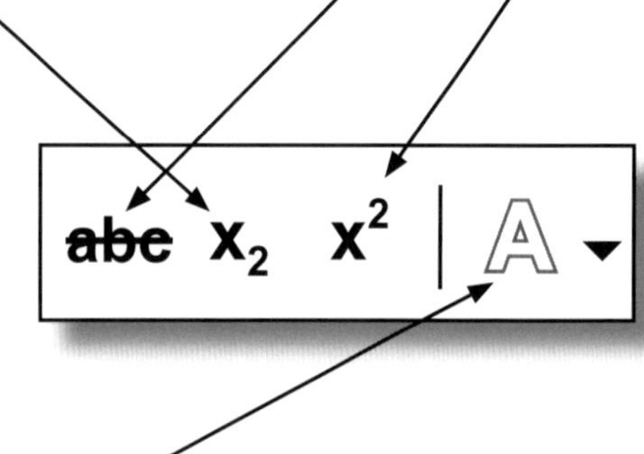

Wenn du auf das große „A" klickst, findest du noch viele weitere Effekte wie Schatten oder Konturen für deine Schrift.

Der Computerführerschein
Erstes Grundwissen & Umgang mit dem Computer – Bestell-Nr. 12 885
KOHL VERLAG

Schrift formatieren in Word

4. Schriftfarbe festlegen

Natürlich kannst du deinen Text auch farbig gestalten:

- Markiere den Buchstaben, das Wort oder den Text, den du in einer anderen Schriftfarbe gestalten möchtest.
- Klicke danach mit der linken Maustaste auf diesen Button:
- Nun öffnet sich eine Liste mit unterschiedlichen Farben.
- Klicke mit der linken Maustaste auf die Farbe, die du verwenden möchtest.

Tipp: Wenn du auf „weitere Farben" klickst, findest du eine noch größere Auswahl an verschiedenen Farben.

5. Farbliche Texthervorhebungen festlegen

Du kannst nicht nur den Text farbig gestalten, sondern den Text zusätzlich mit einem Textmarker hervorheben:

- Markiere den Buchstaben, das Wort oder den Text, den du mit dem Textmarker hervorheben möchtest.
- Klicke danach mit der linken Maustaste auf diesen Button:
- Nun öffnet sich eine Liste mit unterschiedlichen Farben.
- Klicke mit der linken Maustaste auf die Farbe, die du verwenden möchtest.

Übung 2:

Öffne Word und schreibe den Satz „In den Ferien fahre ich gerne an das blaue Meer."

1. Ändere die Schriftart in „Courier New".
2. Hebe das Wort „Ferien" fett hervor.
3. Schreibe das Wort „blaue" in blauer Farbe und setze es kursiv.
4. Nutze den Textmarker und hinterlege das Wort „Meer" in Türkis.

Wie sieht dein Satz nun aus? Falls du unsicher bist, schaue in der Lösung nach.

Text formatieren in Word

1. Aufzählungszeichen einfügen

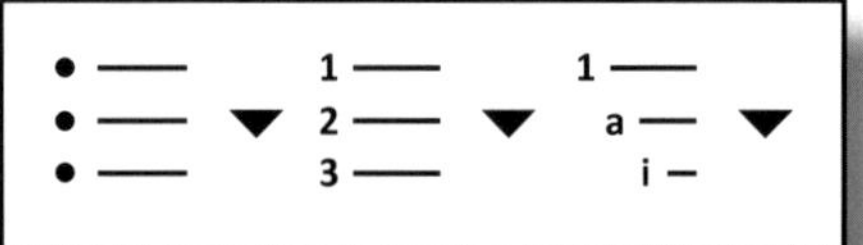

Manchmal ist es hilfreich, einen Text etwas zu gliedern. Dafür kannst du die Aufzählungszeichen nutzen. So kannst du eine Liste oder eine Aufzählung einfügen.

Klicke auf den entsprechenden Button (unter dem Tab „START") und du siehst, welche Aufzählungszeichen du verwenden kannst.

Übung 3:

Erstelle eine Liste mit deinen 5 Lieblingstieren und nutze die Aufzählungszeichen.

1. Tier 1
2. Tier 2
3. usw.

2. Textausrichtung

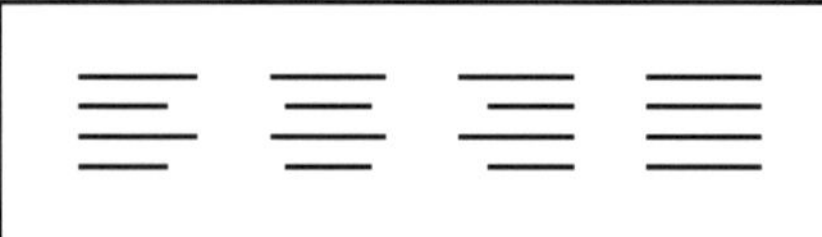

Du kannst in Word bestimmen, ob dein Text am vorderen Rand (linksbündig), am hinteren Rand (rechtsbündig), mittig (zentriert) oder gleichmäßig (Blocksatz) ausgerichtet wird. Vor allem bei längeren Texten kann diese Funktion helfen, den Text übersichtlicher zu gestalten.

Klicke dafür im Bereich „START" auf diese Symbole, um die gewünschte Ausrichtung zu erhalten:

Beispiel linksbündige Ausrichtung:
Es war einmal ein langer Text mit vielen Buchstaben.

Beispiel rechtsbündige Ausrichtung:
Es war einmal ein langer Text mit vielen Buchstaben.

Beispiel zentrierte Ausrichtung:
Es war einmal ein langer Text mit vielen Buchstaben.

Weitere Funktionen in Word

1. Wörter kopieren und einfügen

   Wie du Wörter und Texte kopieren und einfügen kannst, hast du schon in dem Abschnitt „Umgang mit der Maus" gelernt. In Word funktioniert das Kopieren und Einfügen genau wie dort beschrieben.

2. Formen und Bilder einfügen

   Um deinen Text abwechslungsreich und bunter zu gestalten, kannst du Formen und Bilder einfügen.

   Dafür wechselst du in den Tab (Registerkarte) „EINFÜGEN". Dort findest du viele Dinge, die du in dein Word Dokument einfügen kannst.

   Klicke zunächst auf „Formen" und schau, welche Formen du einfügen kannst. Klicke die gewünschte Form mit der linken Maustaste an. Wenn du nun im weißen Hauptbereich von deinem Word Dokument bist, halte die linke Maustaste gedrückt. So kannst du deine Form einfügen oder aufziehen.

   Neben diesen Formen kannst du auch eigene Bilder einfügen. Klicke dafür auf „Bilder" und suche ein Bild aus, das auf dem Computer gespeichert ist. Klicke dann doppelt auf das Bild oder auf „Einfügen" und es wird im Dokument an deiner Cursorposition eingefügt.

3. Dokument speichern

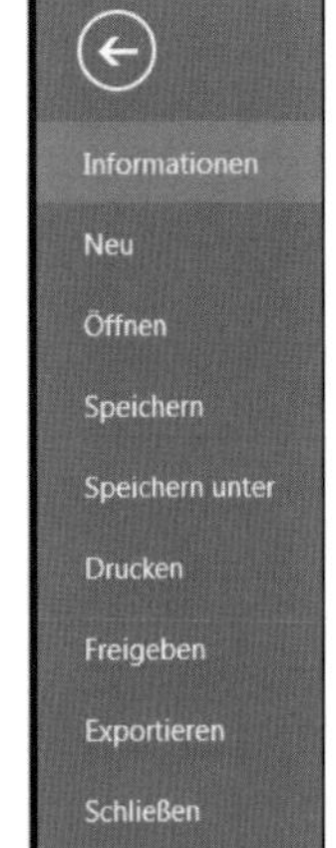

   Nachdem du dein Word Dokument fertig bearbeitet hast, kannst du es abspeichern. Klicke dafür im Menü auf den Tab „Datei". In dem Menü wählst du „Speichern unter" und suchst einen Ordner aus, in den das Dokument gespeichert werden soll. Von dort kannst du das Dokument immer wieder öffnen und auch weiterbearbeiten.

KOHL VERLAG Der Computerführerschein Erstes Grundwissen & Umgang mit dem Computer – Bestell-Nr. 12 885

Quiz Kapitel 3

Aufgabe 1: *Welches Symbol steht für Word?*

A: 

B: W
C: 

Aufgabe 2: *Welches ist eine Standardschriftart in Word?*

A: Arial B: Arielle C: Aha

Aufgabe 3: *Welchen Buchstaben musst du anklicken, um einen Text kursiv zu drucken?*

A: F B: K C: U

Aufgabe 4: *Mit welcher Auswahl kannst du Dreiecke, Kreise, Quadrate etc. einfügen?*

A: Figuren B: Formen C: Symbole

Aufgabe 5: *Wie nennt man es in Englisch, wenn ein Text Fett geschrieben wird?*

A: bold B: stark C: bunt

Aufgabe 6: *Mit welchem Symbol kannst du Wörter unterstreichen?*

A: **F** B: *K* C: <u>U</u>

Aufgabe 7: *Welche Schriftart besteht aus Symbolen?*

A: Webdings B: Calibri C: Verdana

Quiz Kapitel 3

QUIZ!

URKUNDE

____

hat beim Quiz

„Erste Schritte mit Word"

_____ von 7 Punkten erreicht.

Der Computerführerschein
Erstes Grundwissen & Umgang mit dem Computer – Bestell-Nr. 12 885
KOHL VERLAG

Zusammenfassung

<u>Nützliche Tipps für den Umgang mit der Maus und der Tastatur.</u>

1. Inhalte durchsuchen

Drücke gleichzeitig die Taste „STRG" und die Taste „F".

Im unteren linken Bereich des Bildschirms wird ein kleines Eingabefeld (Navigation) geöffnet, über das Du nach einem Wort oder Text auf der Seite suchen kannst.

2. Texte kopieren

Um ein Wort oder einen Text zu kopieren, klicke mit der linken Maustaste auf den Anfang des zu kopierenden Bereichs. Halte die Maustaste gedrückt und ziehe sie über den kompletten Bereich, den du kopieren möchtest. Lass dann die Maustaste los und klicke mit der rechten Maustaste auf den ausgewählten Bereich. Wähle den Eintrag „Kopieren". Bei einem Wort kann man auch links doppelt ins Wort klicken, das Wort ist markiert.

Alternativ kannst du zum Kopieren auch die Tasten „STRG" und die Taste „C" drücken.

3. Texte einfügen

Nachdem du ein Wort oder einen Text kopiert hast, klicke mit der Maus an die Stelle, an welcher der Text eingefügt werden soll. Klicke dahin mit der rechten Maustaste und wähle den Eintrag „Einfügen". Alternativ kannst du zum Einfügen auch die Tasten „STRG" und die Taste „V" drücken.

KOHL VERLAG Der Computerführerschein
Erstes Grundwissen & Umgang mit dem Computer – Bestell-Nr. 12 885

Zusammenfassung

Nützliche Tipps für den Umgang mit der Maus und der Tastatur.

4. Texte ausschneiden

Um ein Wort oder einen Text auszuschneiden, klicke mit der linken Maustaste auf den Anfang des zu kopierenden Bereichs. Halte die Maustaste gedrückt und ziehe sie über den kompletten Bereich, den du ausschneiden möchtest. Lass dann die Maustaste los und klicke mit der rechten Maustaste auf den ausgewählten Bereich. Wähle den Eintrag „Ausschneiden".

Alternativ kannst du zum Ausschneiden auch die Tasten „STRG" und die Taste „X" drücken.

Der Computerführerschein
Erstes Grundwissen & Umgang mit dem Computer – Bestell-Nr. 12 885
KOHL VERLAG

Unterwegs im Internet 4

Der Aufbau des Internets

Sicherlich hast du schon einmal vom Internet gehört. Das Internet bietet dir unzählige Möglichkeiten, um dich über verschiedene Dinge zu informieren, sich gegenseitig auszutauschen und vieles mehr. Das Internet ist unvorstellbar groß und umspannt die ganze Welt.

Leider sind nicht alle Seiten im Internet für Kinder gemacht und einige können dir vielleicht Angst machen oder dich verwirren.

Umso wichtiger ist es, dass du genau weißt, wie du sicher durch das Internet steuern kannst.

Bär Bruno schreibt Oma Ingrid eine Nachricht per E-Mail, dass er sie am Wochenende besuchen kommt. Obwohl Bär Bruno fast 100 km von Oma Ingrid entfernt wohnt, hat sie die Nachricht direkt auf ihrem Computer erhalten.

Möglich ist das durch die Übertragung im Internet. Doch wie funktioniert das eigentlich?

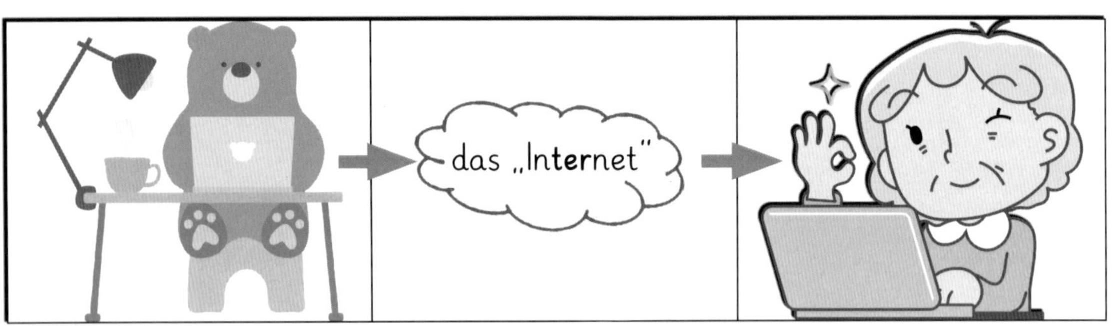

Im Internet gibt es sehr viele verschiedene Geräte, die miteinander verbunden sind. Das Internet ist also eine Art unsichtbares Netz, welches sich über die ganze Welt erstreckt und mit Hilfe von unterschiedlichen Geräten (Smartphones, Tablets, Computer usw.) einen blitzschnellen Austausch untereinander ermöglicht.

4 Unterwegs im Internet

Der Aufbau des Internets

Der Browser

In der weiten Welt des Internets ist der Browser dein wichtigstes Fortbewegungsmittel und Steuerungsgerät. Er ist dein Cockpit, mit dem du durch die unzähligen Seiten im Internet steuerst. Browsen bedeutet übersetzt so viel wie „blättern / stöbern" oder „surfen". Du blätterst mit dem Browser durch das Internet und seine Seiten wie du auch in einem Buch blätterst.

Es gibt viele unterschiedliche Browser, die jedoch alle ziemlich ähnlich aufgebaut sind.

Mögliche Browser Symbole können wie folgt aussehen:

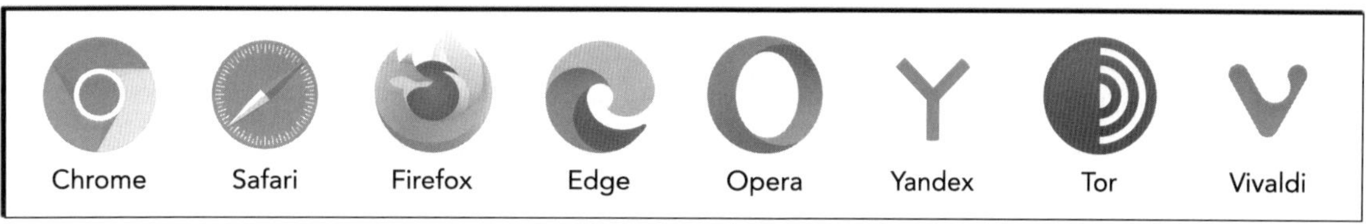

Schaue auf deinem Computer, welcher Browser installiert ist. Du findest ihn unter dem Startmenü in den Programmen.

Aufgabe 1: *Ordne die Funktionen den verschiedenen Bereichen im Browser zu und schreibe die passende Nummer in den Kreis im Kästchen.*

Adresse der Internetseite eingeben ◯	Zurückblättern zur vorigen Seite ◯
Seite merken ◯	Neue Seite (Tab) öffnen ◯
Zusätzliche Funktionen ◯	

KOHL VERLAG Der Computerführerschein Erstes Grundwissen & Umgang mit dem Computer – Bestell-Nr. 12 885

Aufbau einer Webseite

Fast alle Webseiten im Internet sind ähnlich aufgebaut.

① Die Adress- / oder Browserzeile

② Der Hauptbereich der Seite beinhaltet den eigentlichen Inhalt. Das können Texte, Bilder, Spiele und vieles mehr sein. Meistens findest du oben oder an der Seite eine Menüleiste, die dir hilft, zu den verschiedenen Bereichen der Webseite zu gelangen. Auch der Titel und ein Logo der Seite sind in diesem Bereich zu finden.

Oft sind auch ein Lupensymbol und ein Eingabefeld auf der Webseite vorhanden, um nach bestimmten Wörtern zu suchen. Im Gegensatz zu einer Suchmaschine wird hier nur innerhalb der Webseite nach dem Begriff gesucht.

③ Im unteren Bereich befindet sich meistens die sogenannte Fußzeile. Dort findest du das „Impressum". Im Impressum siehst du, wer die Seite erstellt hat beziehungsweise wem sie gehört. Über die Kontakt-Information kannst du den Inhaber anschreiben.

Der Computerführerschein
Erstes Grundwissen & Umgang mit dem Computer – Bestell-Nr. 12 885
KOHL VERLAG

Unterwegs im Internet

Links (Hyperlink) = Verknüpfung die Internetseiten verbindet.

Um von einer Seite zu einer anderen zu kommen, kannst du die Adresse der Seite im Browser eintippen oder, wenn vorhanden, einfach einen Link mit der Maus anklicken. Er leitet dich direkt zu der gewünschten Seite.

Oft ist ein Link in blauer Schrift und unterstrichen dargestellt:

Ich bin ein Link.

Allerdings können Links unterschiedlich in einen Text eingebunden sein. Mit der Zeit findest du aber bestimmt schnell heraus, wo sich ein Link im Text versteckt und wo nicht.

Ein Link kann in Sekundenschnelle eine Seite aufrufen, die zum Beispiel jemand am anderen Ende der Welt erstellt und veröffentlicht hat.

Suchmaschinen verwenden

Die bekannteste Suchmaschine ist Google. Mit Hilfe einer Suchmaschine kannst du nach bestimmten Begriffen, aber auch nach Bildern und anderen Inhalten suchen. Hierzu gibst du den Begriff, den du suchst, in das Feld auf der Suchmaschinen-Webseite ein. Bei Google sieht das so aus:

Als Ergebnis bekommst du viele unterschiedliche Webseiten als Vorschläge angezeigt. Beachte, dass nicht immer das Ergebnis, das an oberster Stelle steht, auch das Beste ist.

Spezielle Suchmaschinen für Kinder sind zum Beispiel:

→ https://www.blinde-kuh.de (ca. 6–12 Jahre)

→ https://www.fragfinn.de (ca. 6–12 Jahre)

→ https://www.helles-koepfchen.de (ca. 8–12 Jahre)

Der Computerführerschein
Erstes Grundwissen & Umgang mit dem Computer – Bestell-Nr. 12 885

Suchmaschinen verwenden

Im Internet kannst du nach allen möglichen Begriffen suchen. Du findest Informationen über deine Lieblingssportart, deine Lieblingsmusikgruppe oder beispielsweise viele interessante Dinge über die Tierwelt.

Allerdings solltest du nur Seiten öffnen, die auch für Kinder geeignet sind und zusammen mit einem Erwachsenen (Eltern, Lehrer ...) im Internet surfen.

Um deine Suchergebnisse einzugrenzen, bieten dir einige Suchmaschinen wie zum Beispiel Google die Möglichkeit, die Suche nach bestimmten Kriterien einzugrenzen. Hierzu klickst du einfach oben unter dem Eingabefeld an, ob du alle Ergebnisse, nur Bilder, Videos oder Ergebnisse zum Shoppen angezeigt bekommen möchtest. Unter dem Eintrag „Mehr" findest du noch weitere Kriterien zum Einschränken der Suchergebnisse.

Alle   Bilder   Videos   Shopping   News   ⋮ Mehr

Ungefähr 289.000.000 Ergebnisse (0,43 Sekunden)

Probiere es aus und gebe einen Begriff, zum Beispiel „Auto" ein.

Klicke dann auf die verschiedenen Filter und prüfe, wie sich die Ergebnisse ändern und unterscheiden.

KOHL VERLAG Lernen mit Erfolg
Der Computerführerschein
Erstes Grundwissen & Umgang mit dem Computer – Bestell-Nr. 12 885

Suchmaschinen verwenden

Übung:

Suche folgende Lösungen mit Hilfe der Suchmaschine:

	a) Nenne 2 Hunderassen, die mit dem Buchstaben B beginnen: Lösung: ____________________ ____________________ Gefunden auf der folgenden Internetseite: ____________________ Welche Wörter hast du für die Suche eingegeben? ____________________
	b) Verfeinere deine Suche und nenne 2 große Hunderassen: Lösung: ____________________ ____________________ Gefunden auf der folgenden Internetseite: ____________________ Welche Wörter hast du für die Suche eingegeben? ____________________
	c) Suche ein Foto von einem Dalmatiner: Gefunden auf der folgenden Internetseite: ____________________

Der Computerführerschein
Erstes Grundwissen & Umgang mit dem Computer – Bestell-Nr. 12 885
KOHL VERLAG

Pop-Up Fenster

→ Bei einem Pop-Up handelt es sich um ein zusätzliches Fenster. Fast immer enthalten sie Werbung oder eine Aufforderung, etwas zu tun.

→ Einige Pop-Up Fenster täuschen eine Virus Warnung vor, ohne dass es sich um einen echten Virus handelt. Dabei handelt es sich um betrügerische Maschen, mit denen Kriminelle versuchen, Zugriff auf deinen Rechner und zu deinen Daten zu bekommen.

→ Pop-Up Fenster erscheinen, ohne dass du sie extra öffnest, und schieben sich vor die eigentliche Internetseite, die du gerade besuchst.

→ Achte auf das kleine Kreuz oben in der Ecke. Darüber lassen sich fast alle Pop-Up Fenster schließen. Manchmal sind die Kreuze auch versteckt oder an einer anderen Stelle, damit du das zusätzliche Fenster nicht leicht schließen kannst.

Falls sich ein Pop-Up Fenster öffnet, bitte einen Erwachsenen, dir zu helfen!

KOHL VERLAG Lernen mit Erfolg
Der Computerführerschein

E-Mails

Bei einer E-Mail handelt es sich um elektronische Post, sozusagen um einen Brief, der über das Internet verschickt wird. E-Mails wurden ab dem Jahr 1990 immer beliebter. Heute haben sie die klassischen Briefe fast vollständig ersetzt. Ein großer Vorteil gegenüber einem klassischen Brief besteht darin, dass E-Mails den Empfänger viel schneller erreichen.

E-Mails werden aus unterschiedlichen Gründen verschickt. Zum Beispiel ...

- ... bei der Arbeit, um Informationen auszutauschen;
- ... unter Freunden oder Familien, um in Kontakt zu bleiben;
- ... von Firmen und Geschäften, um die Kunden zu informieren.

Mit dem sogenannten Anhang kannst du neben einem Text auch Bilder oder Dateien an die E-Mail anfügen und zusammen mit dem Text verschicken.

Um eine E-Mail verschicken und empfangen zu können, wird eine E-Mail-Adresse benötigt. Eine E-Mail-Adresse besteht aus zwei Teilen: der erste, vordere Teil ist der persönliche Benutzername, der zweite Teil nach dem @ Symbol gehört zum Server und zeigt an, welcher E-Mail-Dienstleister verwendet wird. Eine E-Mail-Adresse kann nicht doppelt vergeben werden.

Eine E-Mail-Adresse kann wie folgt aussehen:

Vorname.Nachname@mailprogramm.de / Vorname123@google.com ...

Die E-Mail-Adresse wird in dem verwendeten Mail Programm in die Adresszeile eingegeben und nach dem Abschicken wird die Mail an den entsprechenden Empfänger mit der eingegebenen E-Mail-Adresse verschickt. Der Empfänger sieht anhand der E-Mail-Adresse des Absenders, von wem die elektronische Post stammt.

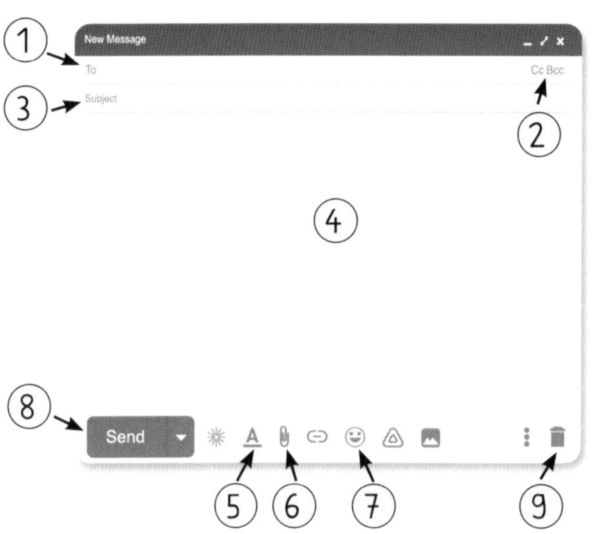

1	To / An: Hier trägst du die Empfänger E-Mail-Adresse ein. Du kannst eine E-Mail auch an mehrere Empfänger versenden.
2	Cc / Bcc: Wenn du eine E-Mail-Adresse in das cc Feld eingibst, bekommt der Empfänger die Nachricht als Kopie. Adressen, die du in das Bcc Feld eingibst, sind für andere Empfänger unsichtbar.
3	Hier gibt du den Betreff / Titel ein
4	Hier schreibst du den eigentlichen E-Mail Text (Inhalt)
5	Hier kannst du die Schrift verändern
6	Hier kannst du einen Anhang anfügen
7	Hier kannst du Emojis einfügen
8	Mit Klick auf „Send(en)" wird die E-Mail verschickt
9	Über das Papierkorb Symbol wird die Mail gelöscht

Der Computerführerschein
Erstes Grundwissen & Umgang mit dem Computer – Bestell-Nr. 12 885
KOHL VERLAG

Messenger und Chats

Wenn du dich mit deinen Freunden über das Internet unterhalten möchtest, musst du nicht unbedingt eine E-Mail schreiben. Es gibt zahlreiche Messenger und Chat Programme, mit denen du dich mit deinen Freunden austauschen kannst.

Im Gegensatz zu einer E-Mail sind Messenger und Chat Nachrichten eher dazu gedacht, kurze Texte auszutauschen. Chat stammt von dem englischen Begriff „plaudern".

Viele Chatdienste oder Apps wie WhatsApp sind erst ab 16 Jahren nutzbar, jüngere Nutzer benötigen das OK der Eltern. Das ist wichtig, da du oft nicht wissen kannst, von wem die Nachricht stammt. Vor allem, wenn ein Chat in ein Computerspiel eingebunden ist, musst du aufpassen. Denn du weißt nie, wer sich in Wirklichkeit hinter dem Chat-Namen versteckt.

Hast du schon Chat Erfahrungen gemacht? Berichte davon!

Oft werden sogenannte Emojis in Chatnachrichten benutzt. Das sind kleine Piktogramme, die Gefühle ausdrücken sollen.

<u>**Aufgabe 2**</u>: *Verbinde den Ausdruck mit dem passenden Emoji.*

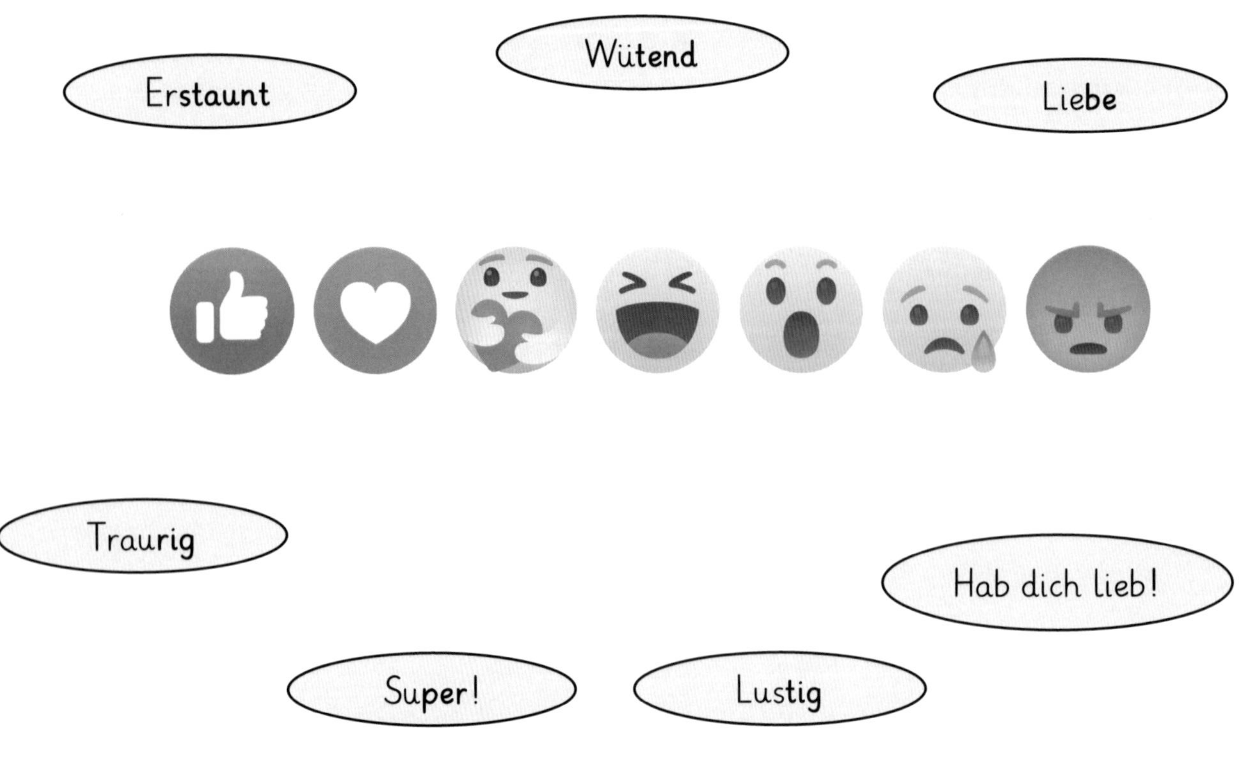

KOHL VERLAG
Der Computerführerschein
Bestell-Nr. 12 885

Quiz Kapitel 4

Aufgabe 1: *Mit diesem Programm bewegst du dich durch das Internet?*

A: Browser B: Fenster C: Brause

Aufgabe 2: *Wie wird die Verbindung zwischen einzelnen Internetseiten genannt?*

A: Faden B: Verbinder C: (Hyper-) Link

Aufgabe 3: *Wenn etwas aus dem Internet heruntergeladen wird wie zum Beispiel ein Video, dann ist es ein ______________?*

A: Upload B: Download C: Layout

Aufgabe 4: *Um ins Internet gehen zu können, muss man ______________ sein.*

A: offline B: up to date C: online

Aufgabe 5: *Woran erkennst du einen Link? Ein Link ...*

A: gibt Töne von sich B: blinkt C: ist oft unterstrichen

KOHL VERLAG Der Computerführerschein Erstes Grundwissen & Umgang mit dem Computer – Bestell-Nr. 12 885

Quiz Kapitel 4

Aufgabe 6: *Welches der abgebildeten Symbole ist kein Browser?*

A: 

B: 

C: 

Aufgabe 7: *Wobei handelt es sich um einen Browser?*

A: Firefox B: Waterfox C: Firefly

Aufgabe 8: *Wo befindet sich bei den meisten Webseiten das Impressum?*

A: Fußzeile B: Kopfzeile C: Hauptbereich

Aufgabe 9: *Wie nennt man die kleinen Fenster, die sich selbstständig öffnen?*

A: Pop-Up B: Pop-Down C: Mini-Window

Aufgabe 10: *Worüber lassen sich die meisten kleinen Zusatz-Fenster schließen?*

A: über einen Pfeil B: über das kleine Kreuz

C: über ein Tür-Symbol

Quiz Kapitel 4

QUIZ!

URKUNDE

____

hat beim Quiz

„Unterwegs im Internet"

_____ von 10 Punkten erreicht.

KOHL VERLAG Der Computerführerschein Erstes Grundwissen & Umgang mit dem Computer – Bestell-Nr. 12 885

Zusammenfassung 4

Nützliche Tipps für den Umgang im Internet.

1. Mehrere Webseiten gleichzeitig öffnen

Um mehrerer Webseiten gleichzeitig geöffnet zu haben, musst du nicht für jede Seite einen neuen Browser öffnen. Klicke ganz oben neben der Eingabezeile für die Adresse der Homepage auf das + Zeichen (Neuer Tab), und die nächste Seite wird hinter der Seite, die du bereits aufgerufen hast, geöffnet. Die einzelnen Seiten werden in sogenannten „Tabs" geöffnet.

2. Suchmaschinen sinnvoll nutzen

Am besten nutzt du eine der Kinderseiten, die du hier im Heft aufgelistet findest. Wenn du eine andere Suchmaschine wie zum Beispiel Google nutzt, kannst du die Suche einschränken, indem du dir alle Ergebnisse anzeigen lässt oder nach Bildern, Videos oder Ergebnissen zum Shopping filterst.

3. Pop-Up Fenster schließen

Um die kleinen Pop-Up Fenster zu schließen, klicke auf das X. In vielen Fällen befindet sich das X oben rechts. Manchmal ist das X versteckt, in einer blassen Farbe oder an einer anderen Stelle zu finden.

4. Inhalte auf einer Webseite vergrößern und verkleinern

Um den Inhalt auf einer Webseite zu vergrößern, drücke auf der Tastatur die Tasten „STRG" und „+".

Um den Inhalt auf einer Webseite zu verkleinern, drücke auf der Tastatur die Tasten „STRG" und „-". Beide Funktionen sind auch mit „STRG" und „Scrollen" mit der Maus im Text möglich.

KOHL VERLAG Der Computerführerschein Erstes Grundwissen & Umgang mit dem Computer – Bestell-Nr. 12 885

Zusammenfassung

Computer-Führerschein von: ___________________________

Kapitel	Thema:	Ich kann/kenne:
1	Erste Schritte	❑ Einsatzgebiete des Computers nennen ❑ den Aufbau eines Computers ❑ die Tastatur ❑ den Computer ein- und ausschalten ❑ die Maus und/oder Touchpad bedienen ❑ die Tastatur ❑ den Windows Explorer ❑ Bilder/Dateien speichern und verschieben
2	Paint	❑ das Programm Paint ❑ verschiedene Funktionen in Paint ❑ Zeichnen in Paint ❑ Bilder bearbeiten mit Paint

Der Computerführerschein
Erstes Grundwissen & Umgang mit dem Computer – Bestell-Nr. 12 885
KOHL VERLAG

6 Zusammenfassung

Computer-Führerschein von: ______________________________

Kapitel	Thema:	Ich kann/kenne:
3	Word	❑ den Aufbau von Word ❑ Markieren von Wörtern und Texten ❑ Kopieren und Einfügen von Wörtern und Texten ❑ Schriftarten, -größe und -farbe ändern ❑ Textausrichtung ändern ❑ Einfügen von Cliparts und Bildern
4	Internet	❑ den Aufbau des Internets ❑ verschiedene Browser und die Funktionen ❑ den Aufbau einer Webseite ❑ (Hyper-) Links ❑ Suchmaschinen bedienen ❑ Pop-Up Fenster ❑ E-Mails ❑ Messenger und Chats

Datum / Unterschrift Lehrer(in): ______________________________

KOHL VERLAG Der Computerführerschein

Lösungen

Suchbild: Finde die 10 Fehler im unteren Bild!

Der gesuchte Gegenstand ist die Tasse.
Begründung: Eine Tasse oder ein Glas kann umgestoßen werden, die Flüssigkeit über den Computer oder die Tastatur laufen und diese beschädigen.

Kapitel 1:

Aufgabe 1: Smartphone / Podcast / Emails / Bordcomputer / ausfallen

Aufgabe 2: Mögliche Antworten:
Computer können in Fabriken, im Büro, zum Steuern von Haushaltsgeräten, zum Steuern von Fahrplanabläufen von Bussen und Bahnen und in vielen weiteren Bereichen eingesetzt werden.

Aufgabe 3: F3 / W / G / L / B / Strg

Aufgabe 4: Bei der englischen Tastatur sind die Buchstaben Z und Y vertauscht und es gibt keine Umlaute ü, ö und ä.

Quiz-Kapitel 1:

Aufgabe 1: A: Leertaste
Aufgabe 2: C: E
Aufgabe 3: A
Aufgabe 4: B: Monitor
Aufgabe 5: A: Startbildschirm
Aufgabe 6: C: Ordner
Aufgabe 7: A: USB-Stick
Aufgabe 8: B: Enter

Kapitel 2:

Quiz-Kapitel 2:

Aufgabe 1: B: Paint
Aufgabe 2: B: Pinsel
Aufgabe 3: B (Farbeimer)
Aufgabe 4: C: Radiergummi
Aufgabe 5: A: gelb hinterlegt

Kapitel 3:

Übung 1:
1. Mögliche Schreibschriften: Lucida Handwriting, Segoe Script
2. Mögliche dicke Schriftarten: Arial Black, Britannic Bold
3. Mögliche lustige Schriftarten: DF Scratch, Jokerman

Zusatzaufgabe: Webdings, Wingdings

Lösungen

Kapitel 3:

Übung 2: In den **Ferien** fahre ich gerne an das blaue Meer.

Übung 3: (Beispiel)
1. Hund
2. Pferd
3. Katze
4. Hamster
5. Delfin

Quiz-Kapitel 3:

Aufgabe 1: B
Aufgabe 2: A: Arial
Aufgabe 3: B: K
Aufgabe 4: B: Formen
Aufgabe 5: A: Bold
Aufgabe 6: C: U
Aufgabe 7: A: Webdings

Kapitel 4:

Aufgabe 1:
- Adresse der Internetseite eingeben -> 1
- Zurückblättern zur vorigen Seite -> 3
- Seite merken -> 4
- Neue Seite (Tab) öffnen -> 2
- Zusätzliche Funktionen - >5

Übung:
a) mögliche Lösungen: Beagle, Berner Sennenhund, Bernhardiner, Boxer
Beispiel-Internetseite mit den entsprechenden Informationen:
https://www.edogs.de/magazin/hunderassen/
b) mögliche Lösungen: Golden Retriever, Bernhardiner, Neufundländer
Beispiel-Internetseite mit den entsprechenden Informationen:
https://www.edogs.de/magazin/hunderassen/
c) Beispiel: https://de.wikipedia.org/wiki/Dalmatiner

Aufgabe 2: siehe Graphik rechts

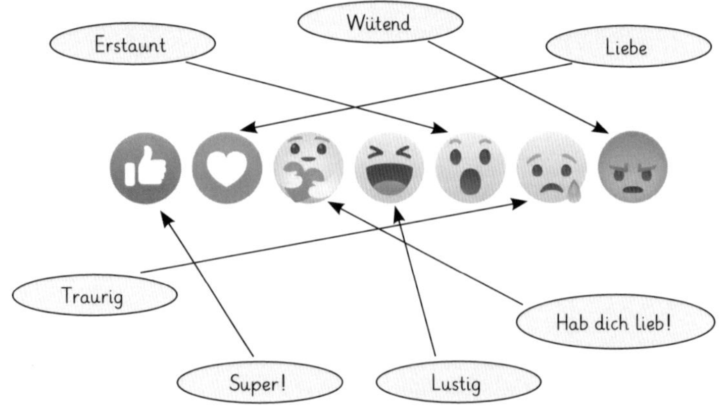

Quiz-Kapitel 4:

Aufgabe 1: A: Browser
Aufgabe 2: C: Hyper-Link
Aufgabe 3: B: Download
Aufgabe 4: C: online sein
Aufgabe 5: C: ist oft unterstrichen
Aufgabe 6: C
Aufgabe 7: A: Firefox
Aufgabe 8: A: Fußzeile
Aufgabe 9: A: Pop-Up
Aufgabe 10: über das kleine Kreuz